沈 旻 斐 鸿
——著

打卡无锡

把 无 锡 带 回 家

visit
Wuxi

东南大学出版社
SOUTHEAST UNIVERSITY PRESS
·南京·

图书在版编目（CIP）数据

打卡无锡 / 沈旻，斐鸿著 . -- 南京：东南大学出
版社，2025. 6. -- ISBN 978-7-5766-2189-1

Ⅰ . K928.953.3

中国国家版本馆 CIP 数据核字第 2025R1C219 号

打卡无锡 把无锡带回家
Daka Wuxi　Ba Wuxi Daihuijia

著　　者	沈旻　斐鸿
出版发行	东南大学出版社
出 版 人	白云飞
责任编辑	徐　潇
责任校对	子雪莲
封面设计	有品堂_刘俊
责任印制	周荣虎
社　　址	南京市四牌楼 2 号　邮编：210096
网　　址	http://www.seupress.com
经　　销	全国各地新华书店
印　　刷	南京迅驰彩色印刷有限公司
开　　本	889 mm × 1194 mm　1/32
印　　张	5.25
字　　数	176 千
版　　次	2025 年 6 月第 1 版
印　　次	2025 年 6 月第 1 次印刷
书　　号	ISBN 978-7-5766-2189-1
定　　价	48.00 元

本社图书若有印装质量问题，请直接与营销部调换。电话（传真）：025-83791830

泰之舞——鼋头渚赏樱季

无锡

简称"锡",古称梁溪、金匮、锡城、震泽等,是吴文化发源地之一,拥有 3000 多年文字史和 2200 余年建城史,被誉为"太湖明珠"。无锡坐拥太湖绝佳风光,近代民族工商业与当代物联网产业在此交汇,是一座兼具江南水韵与现代活力的城市。

无锡以湖光山色闻名,鼋头渚"太湖佳绝处"樱花如雪,灵山大佛庄严磅礴,惠山古镇古祠堂群沉淀千年文脉,蠡园与东林书院诉说着江南园林之美与书香底蕴,锡剧、惠山泥人等非遗文化传承不息。无锡还是"中国陶都",宜兴紫砂壶工艺享誉世界。这里山水相依、人文荟萃,是休闲度假的理想之地。

春潮——太湖长春桥头络绎不绝的赏樱人群

目　录

太湖胜迹 ▶

宜兴美景 ▶

江阴佳境

美食特产

无锡古称"梁溪"，是江南文明的重要发源地，有文字记载的历史可追溯到商朝末年。2015年，无锡崇安区、南长区、北塘区三区撤并为梁溪区。梁溪区是无锡市中心城区，承载着千年古运河的文化脉络。这里以"水弄堂"闻名，清名桥历史文化街区沿运河展开，青砖黛瓦、桨声灯影，再现江南水乡风情。南禅寺、东林书院、薛福成故居等人文古迹散布其间，诉说着吴地历史。漫步中山路商圈，可体验现代都市的繁华与传统市井生活的交融。

　　因为交通的便利和区域的融合，本章特将梁溪区及周边的新吴、锡山、惠山等区的邻近景点集中展现，以便于游客参观游览。梁溪故地是探索"太湖明珠"的理想起点。

梁溪
故地

惠山古镇古建群

惠山古镇

坐落于梁溪区西部，以保存完好的明清古建筑群和祠堂文化闻名，有"露天历史博物馆"之称。古镇内汇集百余座古祠堂，历史可溯至唐代，毗邻"天下第二泉"惠山泉及江南名园寄畅园。漫步石板街巷，可赏泥人工艺、品锡帮小笼，于茶香中感受千年运河与园林交织的江南雅韵。古镇从区域功能上划分为文物古迹区、锡惠名胜区（锡惠公园）、历史文化街区和山林保护区四个游览区。其中，文物古迹区里有寄畅园、惠山寺、天下第二泉等；锡惠名胜区里有映山湖、"中国杜鹃园"等；历史文化街区里有映月里、绣嶂阁等，均为热门打卡点。

范文正公祠之敦叙堂

范文正公祠内景

远眺龙光塔

后乐堂

拜石山房

丹墅云流门楼砖雕

顾可久祠堂之宝忠堂

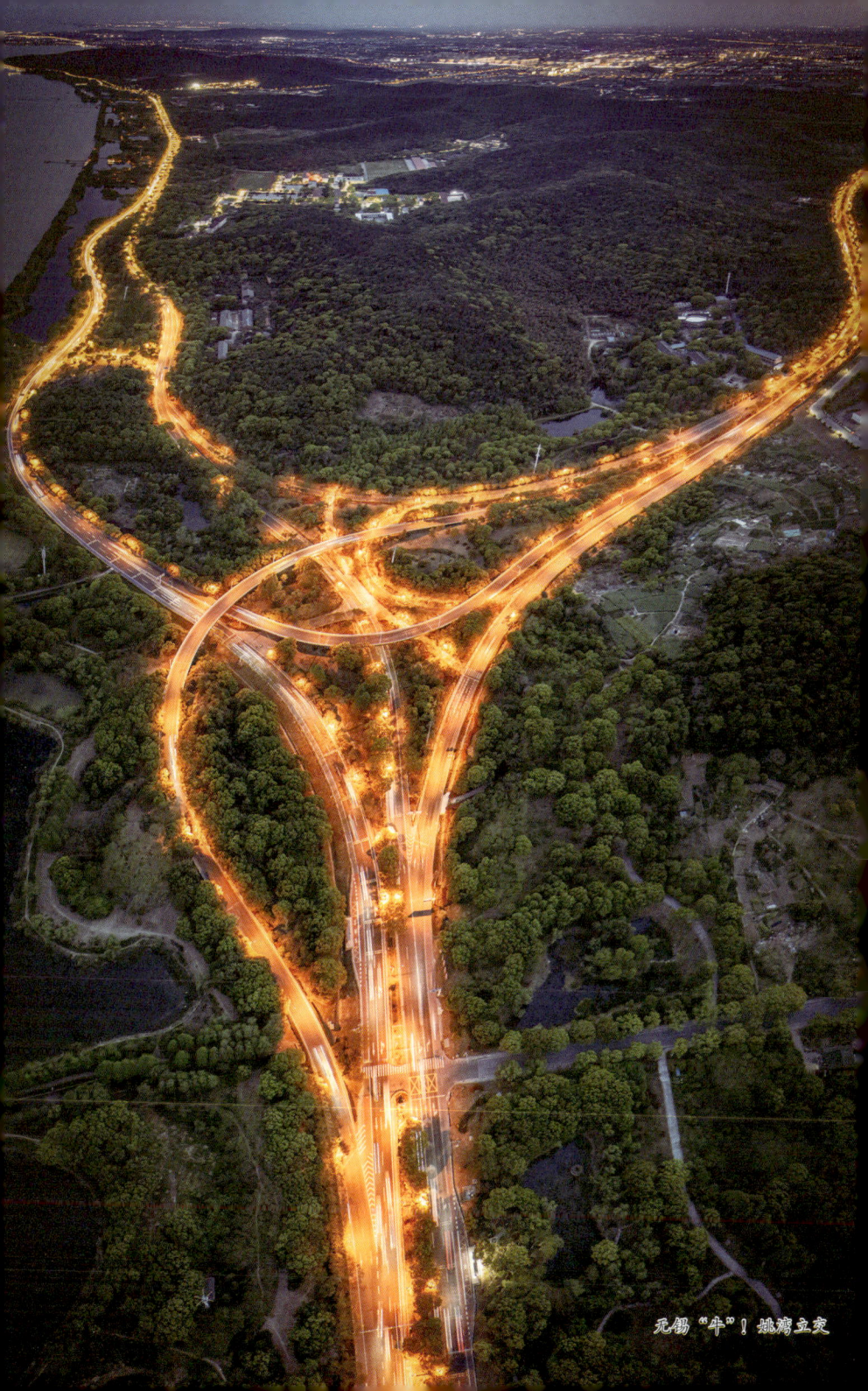

无锡 "牛" ！挑湾立变

无锡动物园

位于滨湖区，是集动物科普、
生态展示与亲子娱乐于一体
的城市乐园。园内栖息着100
余种珍稀动物，涵盖大熊猫、
金丝猴等明星物种，设有萌
宠互动区、海洋馆及沉浸式
雨林生态造景。游客可近距
离观察动物自然行为，参与
科普讲解、投喂体验。儿童
乐园与主题游乐设施增添趣
味。动物园依托山林地貌，
充满自然野趣，寓教于乐，
传递生态保护理念，成为家
庭出游的热门目的地。

荡口夜韵

游船悠然

荡口古镇

位于锡山区，依鹅湖而建，是典型的江南水乡，素有"小苏州"之美誉。古镇内保存着成片明清建筑群，街巷沿河蜿蜒，石桥纵横交错，白墙黛瓦倒映碧波，尽显"人家尽枕河"的静谧风韵。这里文脉深厚，曾走出华蘅芳、钱穆等名家，现存华氏义庄（江南最大义庄遗存）、王莘故居（《歌唱祖国》词曲作者纪念馆）、会通馆（明代铜活字印刷遗址）等古迹。端午龙舟竞渡、评弹悠扬、传统手工艺市集延续水乡活力，走油肉、水金豆花等美食飘香街巷。这里是体验原生态江南生活美学的诗意栖居地。

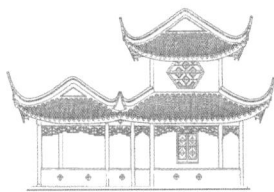

打卡处

崇安寺

位于梁溪区市中心，曾为东晋古刹，现为"寺市合一"的开放式文化商业街区。核心区保留千年古刹遗迹，毗邻明代阿炳故居、百年公花园（无锡最早公园）。街区融合禅意与烟火气，云集王兴记、三凤桥等老字号，小笼包、酱排骨香气四溢，钟楼广场、文创市集与现代商圈交织。晨钟暮鼓犹存，市井繁华更盛，这里既是追溯无锡历史的文化地标，也是体验城市脉动的活力中心。

崇安阁

皇亭

崇安寺之夜

无锡县图书馆旧址

九老阁

玉皇殿

党章学堂

东林书院牌坊

东林书院

位于梁溪区，始建于北宋，明万历年间由顾宪成等人重建，为晚明思想文化中心，以"风声雨声读书声声声入耳，家事国事天下事事事关心"楹联闻名。书院建筑古朴庄重，石牌坊、丽泽堂、依庸堂等保存完好，碑廊镌刻历代名士题记。明末遭毁，清朝重建后改为小学，2002年修缮后重现讲学、藏书之景，现为爱国主义教育基地，常设儒学展与国学讲座。漫步其间，可感受"东林学派"心系天下的文人风骨，触摸江南士大夫精神传承的文化地标。

丽泽堂

燕居庙

燕居庙内景

依庸堂

三茅峰

惠山第三峰，海拔约 328 米，是无锡城区最高峰。山体苍翠连绵，登顶可俯瞰太湖、蠡湖与城市全景。峰顶保留三茅真君道观遗址，山间古道蜿蜒、怪石嶙峋，春有杜鹃遍野，秋见层林尽染。主峰立有观景平台，晨观日出云海，夜赏万家灯火，登山步道贯穿原始次生林，兼具野趣与城市天际线视角，是市民徒步健身、亲近自然的"城市阳台"。

薛福成故居

位于梁溪区健康路西侧，为晚清思想家、外交家薛福成（1838—1894）的官邸，被誉为"江南第一豪宅"。建筑群占地逾2万平方米，六进宅院恢宏典雅，转盘楼、弹子房等中西合璧，砖雕木刻精美绝伦。后花园亭台错落，曲径通幽，植百年古木，藏太湖奇石。故居既显江南官宅仪制，又融近代西式元素，可窥清末无锡士大夫的生活雅趣与开放视野，是探秘近代江南士绅文化的活态标本。

薛家花园

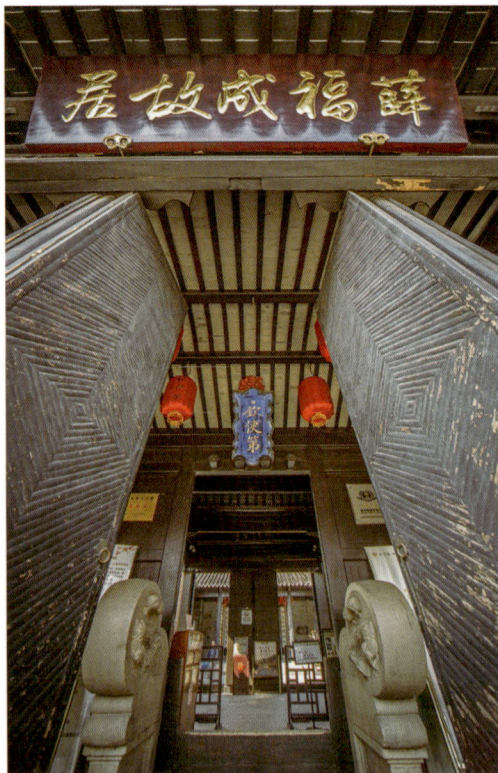

薛福成故居大门

薛福成故居惠然堂

薛福成故居弹子房内景

薛福成故居西轺堂

阿炳故居

即原雷尊殿道馆，位于梁溪区图书馆路 30 号，为清末民初江南民居。阿炳（1893—1950）从小随父亲华清和在雷尊殿当道士，法名华彦钧，因中年双目失明，人称"瞎子阿炳"，是中国近代民间音乐家。他出生于此、逝世于此，创作了《二泉映月》等传世名曲。故居保留原貌，展出其手稿、二胡及生平史料。这座白墙黛瓦的院落，既是民间音乐瑰宝的诞生地，亦是市井艺术家潦倒人生的真实见证。

打卡处

顾毓琇纪念馆

坐落于梁溪区学前街3号，原为顾氏祖宅，清代建筑。顾毓琇（1902—2002）是国际著名教育家、科学家、文学家、艺术家，曾任中央大学校长，创办上海戏剧学院。顾毓琇兄弟五人皆为博士，在无锡被传为佳话。馆内陈列其著作手稿、学术成果及生活旧物，复现中西合璧书房，展现这位横跨文理、融通中外的"文艺复兴式"大师的传奇。故居粉墙竹影间，镌刻着百年无锡文脉的璀璨一页。

钱锺书故居

坐落于健康路新街巷，为清代钱氏祖宅，文学巨匠钱锺书（1910—1998）在此度过少年时光。宅院保留江南宅邸风貌，设"绳武堂""梅花书屋"等展厅，陈列其《围城》手稿、书信及钱穆、钱伟长家族史料。青砖黛瓦间交织着书香世家的治学精神，复刻书房内砚台犹存墨痕，见证了这位学贯中西的"文化昆仑"如何从江南小巷走向世界文坛。现为无锡人文地标之一。

张闻天故居

位于梁溪区汤巷 45 号，建于 1930 年代，为砖木结构西式小楼。无产阶级革命家张闻天（1900—1976）晚年在此隐居，著成《肇庆文稿》等重要理论著作。故居复原其简朴书房、会客厅，展出长征时期皮箱、手写笔记及历史照片，院中水井、枇杷树犹存。这座淡黄色建筑展现着遵义会议关键人物、"真理卫士"的思考轨迹，见证了共产党人坚守信仰的赤诚风骨。

荣毅仁纪念馆

坐落于荣巷历史街区，为近代中西合璧建筑群，省级文物保护单位。纪念馆依托荣氏祖宅，以"红色资本家"荣毅仁（1916—2005）生平为主线，陈列实业救国文献、邓小平亲笔信及家族经商文物。红砖拱券回廊间，复原了荣毅仁接待多国政要的会客厅，院中百年香樟与古井静述着中国民族工商业杰出代表的百年传奇。这座江南工商文化地标，见证了从民族实业到改革开放的时代跨越。

无锡中国民族工商业博物馆

邻近西水墩，依托百年茂新面粉厂旧址（荣氏兄弟创办）而建。馆内以清末至改革开放工商史为主线，展陈纺织机、账册股票等千余件文物，复原面粉生产线与民国商铺街景。红砖厂房内钢窗铁门斑驳，巨型麦仓与齿轮组凝固工业记忆，老机器轰鸣声犹在耳畔。这座"活态工业遗址"生动诠释了无锡近代"小上海"的腾飞密码，是展示民族工商业发展历程的核心窗口。

小娄巷历史文化街区

位于梁溪区市中心，毗邻东林书院。这条始于宋代、盛于明清的"江南才巷"，现存少宰第、福寿堂等明清宅院群及民国洋楼，砖雕门楼与马头墙间藏着 23 处文保点。孙继皋状元府第（少宰第）、秦邦宪故居隐于巷陌，斑驳墙垣镌刻着 500 年来 50 余位进士的传奇。如今古巷活化非遗工坊与文创空间，粉墙黛瓦间咖啡香萦绕线装书，这里成为解码无锡千年文脉的活态博物馆。

锡剧博物馆

坐落于梁溪区长大弄 9 号，南连长大弄云过园，北接无锡书画院。馆内以"太湖一枝梅"——锡剧为主题，展陈清末滩簧抄本、名家戏服及《珍珠塔》等经典剧本，运用全息投影重现民国戏台盛景。百年雕花戏箱内胭脂香犹存，互动点唱机可体验吴侬软韵。这座融明清宅院与数字展陈的活态博物馆，完整呈现了锡剧从乡野草台到非遗艺术的嬗变之路，现为传承江南戏曲文化的重要基地。

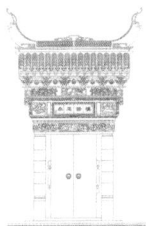

打卡处

山清水秀话阳山

阳山桃花源

位于惠山区，因亿年火山地质与万亩桃林闻名。春日漫山粉霞，桃花灼灼，延绵如海，为华东知名赏花胜地。夏秋可采摘"阳山水蜜桃"，果香馥郁，汁润如蜜。火山口遗迹、安阳山步道增添地质奇趣，登顶朝阳禅寺俯瞰桃乡画卷。农家乐品桃宴、住民宿，体验田园诗意。每年桃花节更聚人气，融自然野趣、农耕文化与生态康养于一体，绘就"人间桃源"的现实图景。

俯瞰阳山

景区牌坊

阳山夜韵

无锡图书中心

无锡新华书店最大的综合性图书发行网点，位于市中心商务区县前西街，总面积约 9000 平方米，经营规模和年图书发行量在全省乃至全国位居前列。自 2023 年 6 月迁址开业以来，无锡图书中心先后获评"全国最美书店""全国标杆大书城"等荣誉称号，成为无锡的文化地标和城市名片。无锡图书中心集图书、时尚、生活、美学为一体，以全品类的图书阅读为基底，延展文化交流、展演互动、艺美空间、童趣天地、文创精品、轻食咖啡等功能。这里是书店，又不只是书店。无锡图书中心期待与您共享书卷里的温润江南和阅读中的缱绻时光。

凤凰留声机

中厅书墙

文教馆

艺术区

荐书台

一楼中厅

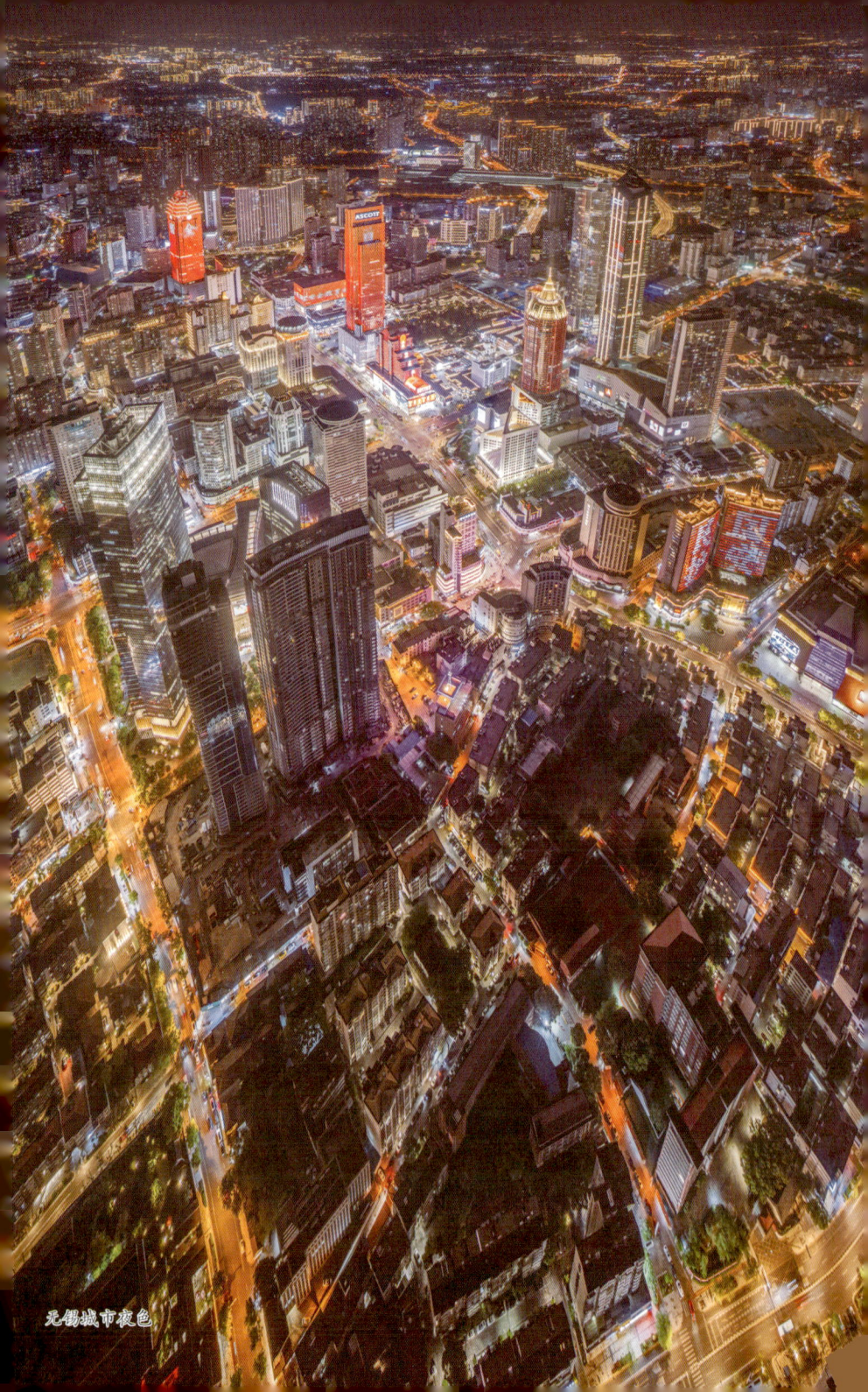
无锡城市夜色

无锡 "牛" I 姚湾立交

无锡所辖太湖水域面积约占整个太湖水域总面积的30%。无锡市太湖鼋头渚风景区以"太湖佳绝处，毕竟在鼋头"闻名，坐拥江南水韵与吴越文脉。鼋头渚为太湖精华，春日樱花如云似雪，长春桥畔恍若仙境；秋日层林尽染，万浪卷雪惊涛拍岸。太湖仙岛隐于烟波，鸥鹭翩跹，禅意缥缈。沿湖散布蠡园、央视影视基地（三国城、水浒城），可寻西施传说，探影视武侠风情。灵山胜境佛光普照，88米灵山大佛俯瞰湖山，梵宫琉璃华彩震撼。湖鲜美食不容错过，"太湖三白"清鲜细腻，湖岸农家乐烟火袅袅。环湖绿道骑行、帆船扬波、湿地观鸟，四季皆景：春樱夏荷，秋苇冬雪，晨雾暮霞，皆成水墨画卷。地铁直达，湖岸民宿林立，是长三角都市圈的诗意后花园，兼具生态野趣与人文厚度，堪称"江南水客厅"。

太湖胜迹

太湖佳绝处，毕竟在鼋头

灵山大佛

建成于1997年，高88米，被誉为"东方大佛"。佛像为露天青铜释迦牟尼立像，大佛右手施无畏印，左手施与愿印，俯瞰太湖烟波，庄严慈悲。莲花座下设佛教文化博览馆，登218级"登云道"可抱佛脚祈福。佛像通体青铜铸造，工艺精湛。周边九龙灌浴、梵宫等景观辉映，钟声悠远，禅意绵延，既是佛教朝圣之地，亦为无锡标志性人文胜景，象征"佛佑江南"的文化地标。

灵山大佛是灵山景区的核心。灵山景区位于滨湖区马山半岛，背倚太湖，融自然山水、佛教文化、艺术景观于一体。景区集礼佛朝圣、禅意体验、山水游憩于一身，素食餐饮、禅修课程独具特色，既显盛世佛国气象，又展江南山水灵韵，是长三角重要的佛教文化圣地与心灵度假目的地。

灵山大佛景区全貌

灵山梵宫（一）

灵山梵宫（二）

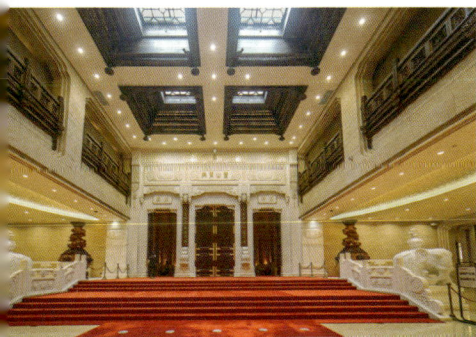
灵山梵宫（三）

五印坛城

云漫灵山

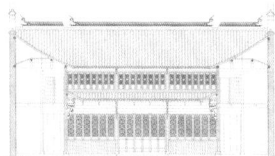

打卡处

蠡园

位于滨湖区，依傍太湖，以范蠡、西施泛舟传说闻名，始建于 1927 年。园内假山玲珑、长廊逶迤，缀以四季花木，巧妙融合江南园林艺术与湖光山色。核心景点"南堤春晓"柳浪闻莺，可泛舟观景，感受"山光照槛水绕廊"的诗意，是领略江南园林与太湖风情交融的经典之地。

拈花湾

毗邻灵山景区，以"禅意栖居"为核心理念，复刻唐宋风韵。建筑群依山傍水，木构楼阁错落于竹海间，青苔石径串联起枯山水庭院与抄经茶寮。核心景点"梵天花海"随四季流转绽放时令禅意：春樱落雪映五灯湖唐塔，秋芦飞絮伴夜间《禅行》水幕光影诗剧。30余家禅意客栈以"一花一世界"为境，融合竹编灯、素纱屏等非遗元素，佐以禅食、花道、香事体验，将般若智慧化入当代生活美学，被誉为"会呼吸的东方禅意秘境"。

春到拈花湾

拈花湾全景

拈花塔之夜

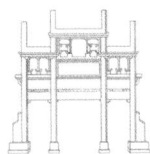

打卡处

春到赏樱楼

鼋头渚

踞太湖西北岸，被誉为"太湖第一名胜"，因巨石突入湖中形如神龟昂首入湖而得名，春时万株樱树堆云泻玉，长春桥畔落英逐碧波。七十二峰山馆藏道教摩崖石刻，澄澜堂前湖鸥逐渡船，郭沫若题"太湖佳绝处"于此。登太湖仙岛观"鼋渚春涛"，湖光吞天处隐现始建于 1918 年的太湖别墅群飞檐，樱谷流霞与明清碑廊共织山水长卷，尽显旷达意境。

太湖仙岛位于鼋头渚景区内，由大矶、小矶等岛屿组成，俗称"三山岛"。岛上以道教文化为魂，建有灵霄宫、天街、会仙桥等仿古建筑群，大觉湾内 18 米高玉皇大帝塑像巍然矗立。岛内奇石错落，樱花、枫树环抱，登高可览太湖烟波浩渺，乘船登岛即可体验"太湖仙境"之缥缈意趣。

长春桥

鼋头渚夜樱

夜香樱花谷

涵虚亭

至美的太湖夜樱

打卡处

无锡影视基地

坐落于太湖之畔，始建于 1987 年，是中国最早的影视拍摄基地之一，由央视主导建设。核心景区包括三国城、水浒城和唐城，以《三国演义》《水浒传》等经典剧集实景拍摄地闻名。基地内复现了古代宫殿、街市及战争场景，兼具影视制作与旅游观光功能，常年举办实景演出与沉浸式文化体验活动。作为国家 5A 级景区，其以"影视为表、旅游为里、文化为魂"的特色，成为展现中华历史与影视工业的重要窗口。

三国城

央视为拍摄《三国演义》打造的影视基地。景区以汉代风格建筑为核心，复刻了吴王宫、曹营水寨、赤壁栈道等经典场景，融影视拍摄与文旅体验于一体，常年上演"三英战吕布"等实景演出，生动再现了三国文化魅力。

水浒城

央视为拍摄《水浒传》而建造，以宋代市井风貌为特色，复刻梁山聚义厅、清明上河街、大相国寺等场景。景区集影视拍摄与文化旅游于一体，每日上演"武松斗杀西门庆"等实景表演，生动还原水浒英雄故事与北宋民俗风情。

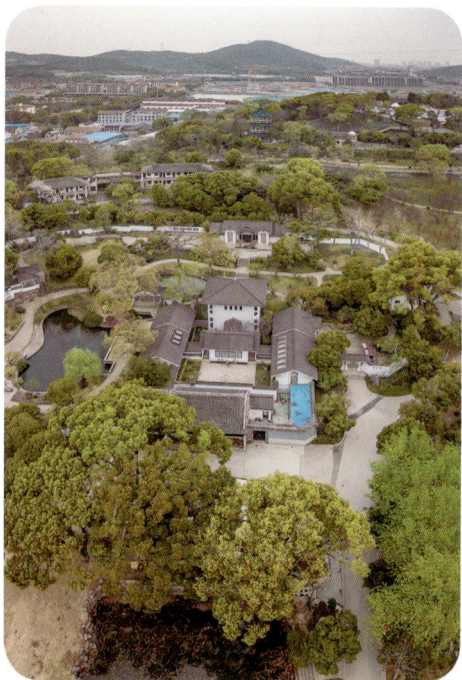

梅园

位于西郊太湖之滨，始建于1912年，由近代民族工业先驱荣宗敬、荣德生兄弟兴建，以"梅文化"著称。园内植有300多个品种、万余株梅树，早春梅花盛放如雪似霞，与天心台、念劬塔、香海轩等园林建筑相映成趣。园内石刻、古梅、泉池错落有致，兼具江南园林精巧与自然野趣，四季景致各异。现为国家4A级景区，融赏梅胜地、园林艺术与近代实业家精神于一体，为江南赏梅人文经典。

融创乐园

位于太湖新城，2019 年开业，是融创文旅城核心项目。乐园以江南文化为基底，设运河人家、泡泡泉小镇、霞客神旅等六大主题区，涵盖 38 项游乐设施，拥有世界首创"飞越江苏"沉浸式飞行影院、76 米高"雄鹰飞翔"过山车及江南特色水上漂流。夜间有大型水幕灯光秀与巡游演出，融合科技与传统元素，打造四季全龄娱乐体验。毗邻雪世界、海世界及商业综合体，为长三角热门文旅地标。

巡塘古镇

位于太湖新城，始建于1913年，原为商贾云集的临河集镇。

古镇三面环水，主街沿水系呈"十"字布局，现存清末民初建筑群，青砖黛瓦、石桥驳岸保存完好，巡塘桥横跨古河，钱穆曾在此执教。2010年修复后，保留老街、南货店、巡塘书院等历史肌理，引入书香酒店、非遗工坊与茶馆，兼具原生态水乡风貌与文旅功能，以"活态古镇"理念展现江南市井文化，被誉为无锡"袖珍版周庄"。

渤公岛生态公园

位于太湖之畔，原为"治太"围垦区，2005 年被改造为开放式湿地公园。公园以"张渤治水"传说为文化内核，建有渤公雕塑、生态廊桥与藤花水榭。岛内绿道环湖，芦苇摇曳，荷塘密布，樱花、紫藤长廊梦幻缤纷；设亲水栈道、观鸟平台及科普展馆；利用生物技术净化入湖水质，兼具生态修复与休闲功能。现为免费的城市绿洲，串联蠡湖与太湖风光，展现"人水共生"理念，是无锡太湖生态治理的典范景观。

张渤治水雕像

长广溪国家湿地公园

位于太湖新城，依长广溪而建，是连接蠡湖和太湖的生态廊道，全长10千米，占地约260万平方米，是华东最大的城市湿地。园内水系纵横，保留明代石塘桥古迹，湿地生态完整，芦苇丛生、鹭鸟栖息，设有观鸟栈道、水生植物科普区及亲水步道。四季景致各异，春日鸢尾遍野，秋日芦花飞雪，融合自然野趣与生态修复理念。现为市民休闲观光的"城市绿肺"和湿地科普教育基地。

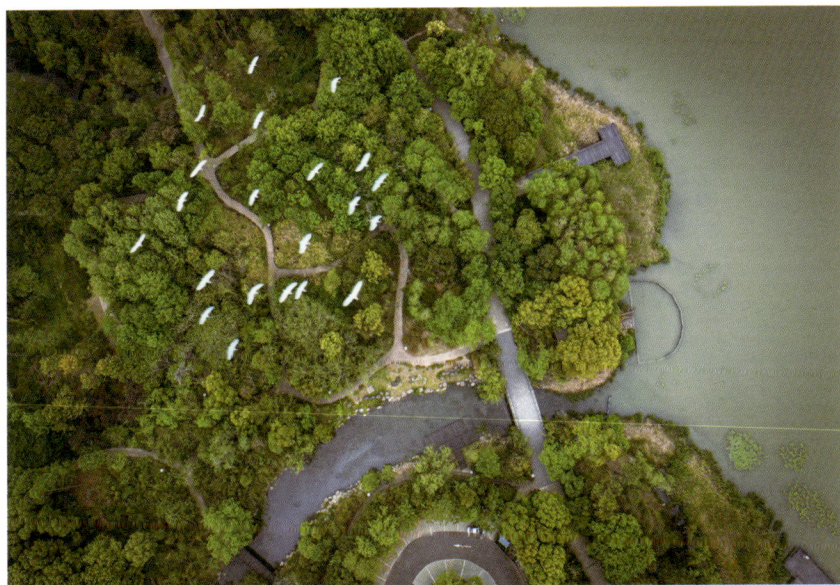

阖闾城遗址博物馆

位于太湖之滨，依托春秋时期吴国都城遗址（约公元前515年）而建，是国内首个吴文化主题遗址博物馆。馆内以考古发掘成果为核心，通过青铜兵器、礼器、玉器等千余件文物，结合数字技术还原吴越争霸历史，再现阖闾城军事防御与都城风貌。遗址区保留城墙、水道等遗迹，辅以沉浸式展陈，解码"吴地文明之源"。博物馆融合文物保护、考古研究及文化体验，串联周边山水与历史遗存，成为探秘吴文化发祥与江南文明脉络的重要窗口。

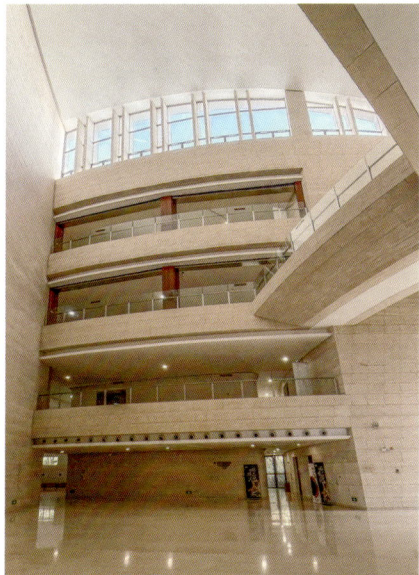

宜兴（县级市）地处苏浙皖三省交界，素有"陶都""竹海洞天"之美誉，是太湖西岸的生态人文之城。这里以紫砂文化闻名世界，丁蜀镇古龙窑的千年窑火孕育了紫砂壶艺术，中国宜兴陶瓷博物馆藏万件瑰宝，诉说着"泥与火"的传奇。自然风光得天独厚：宜兴竹海延绵万亩，碧波翻涌如绿色海洋；善卷洞、张公洞等喀斯特溶洞奇观瑰丽，被誉为"地下艺术宫殿"；云湖茶洲梯田叠翠，阳羡茶香氤氲千年。龙背山森林公园、东坡书院等人文胜迹与湖㳇深氧小镇、雅达阳羡溪山等现代度假区交相辉映。在宜兴，游客可体验制陶、采茶、竹林骑行，品尝乌米饭、横山鱼头等特色美食。宜兴旅游四季皆宜——春品茶、夏避暑、秋赏竹、冬温泉，是一个集山水灵韵、陶艺匠心、禅意生活于一体的诗意栖居地。

宜兴美景

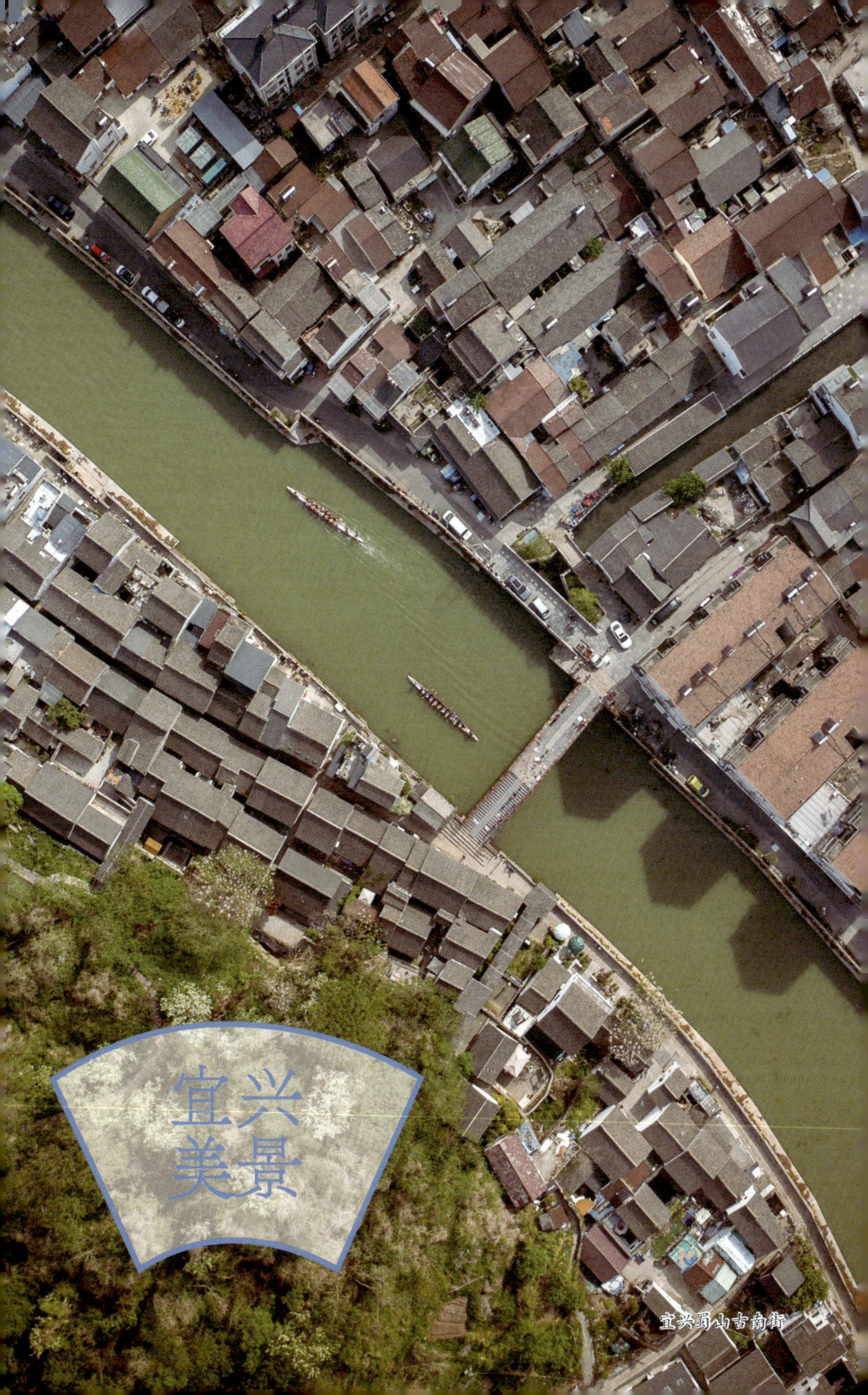

宜兴蜀山古南街

宜兴竹海风景区

坐拥苏南第一峰，是华东地区规模最大的竹资源生态区。景区内万亩翠竹连绵起伏，形成浩瀚"绿色海洋"，负氧离子含量极高，被誉为"天然氧吧"。镜湖碧波倒映竹影，翡翠长廊曲径通幽，凌云阁登高可览竹海波涛。搭乘索道穿越竹梢，俯瞰碧浪翻滚；漫步竹林栈道，听风吟鸟鸣。春赏新笋破土，夏享林荫清凉，秋览竹浪翻涌，冬观雪掩翠涛，四季皆可体验"竹径通幽"的禅意与生机，这里是生态康养、摄影写生的绝佳胜地。

宜兴竹海之镜湖

水母亭

竹海奇观

景区大门

空中俯瞰宜兴竹海之镜湖、太湖之源、苏南第一峰

打卡处

善卷洞

石灰岩溶洞瑰宝，洞分上、中、下、水四层，钟乳石千姿百态；中洞"狮象大场"气势恢宏，水洞地下河泛舟如入秘境，云雾缭绕的上洞终年恒温。洞内暗河通舟、穹顶飞瀑，更有梁祝化蝶传说遗迹，融地质奇观与人文传奇于一体。洞外竹林掩映，辅以陶吧、缆车等体验项目，集自然探险与文化寻踪于一身，是探秘喀斯特地貌、感受吴越文化的奇幻胜地。景区林木葱茏，风光旖旎，洞景奇异天成，素有"万古灵迹""欲界仙都"之美誉，被誉为"世界三大奇洞"之一。

狮象大场

上洞

105 级石洞盘梯

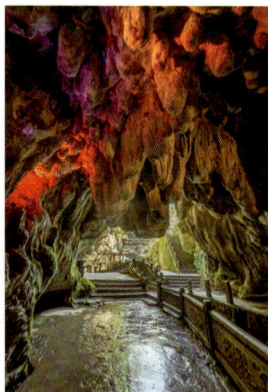

下洞

俯瞰景区全貌

洞穴倒影

水洞之豁然开朗

大门牌坊

圆通阁

蝴蝶轩

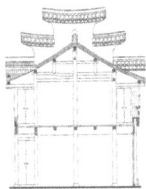

打卡处

云湖风景区

以太湖西岸的横山水库为核心，湖面碧波万顷，环拥万亩茶洲梯田，是品茗赏景的佳处。湖畔樱花长廊如霞似雪，湿地栈道串联鹭鸟栖居的生态画卷。星云大师祖庭大觉寺坐落于此，梵音与茶香交织，平添禅意。春采新茶、夏赏荷景、秋览稻浪、冬沐暖阳，四季皆可骑行漫游、泛舟观岛，或品茗静心。景区融合湖光山色、佛文化、茶田农耕，是远离喧嚣的生态桃源，更是体验"慢生活"的天然氧吧。

云湖与大觉寺

中国宜兴
陶瓷博物馆

坐落在丁蜀镇，是国内较早成立的专业性陶瓷博物馆，其前身是江苏省宜兴陶瓷公司陈列室和宜兴陶瓷陈列馆。博物馆分 10 个展区，集紫砂陶、均陶、青瓷陶、精陶、彩釉陶、园林建筑陶等精品万余件，琳琅满目，令人目不暇接。馆藏 3 万余件珍品，从新石器时代陶器、明清紫砂珍宝到现代大师力作，全景展现中国陶瓷史。核心展区"紫砂厅"揭秘紫砂矿料、制陶工艺及历代名壶风采，镇馆之宝供春壶等稀世之作彰显匠心。馆内设古龙窑遗址、大师工作室，游客可体验制陶技艺，参与陶艺研学。博物馆享有"东方明珠、陶都之光"美誉。

宜兴素以"陶都"著称于世，是我国目前主要的陶瓷产区之一。博物馆陈列的各个历史时期的古陶瓷均为当地发现和出土，反映了宜兴富有人文特征的陶文化衍生轨迹，从中我们领略到其卓越的制作意匠和浓郁的地方特色，并获得知识的启迪和美的享受。博物馆集历史溯源、艺术鉴赏、文化传承于一体，是探秘紫砂文化、触摸千年陶魂的必访圣地。

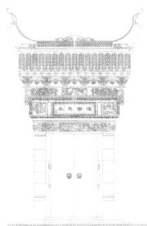

打卡处

龙背山森林公园

紧邻城区，被誉为"城市绿肺"，占地 5.5 平方千米，森林覆盖率超 95%。园内层峦叠翠，湖泊湿地星布，文峰塔巍然矗立，登顶可俯瞰宜兴全景。历史名人馆、文艺名人馆掩映林间，杜鹃园、蔷薇园等花卉园四季花事不断。茶园竹径蜿蜒，鹭鸟翩飞其间，天然氧吧沁人心脾。设有徒步栈道、骑行绿道及野餐营地，融生态观光、文化寻踪、休闲运动于一体，是市民近郊踏青、亲子自然教育的绝佳去处。

龙溪公园

位于丁蜀镇，占地约 12 万平方米，以"水岸绿廊·共享生活"为设计理念。公园依托龙溪河生态基底，打造亲水步道、湿地花园及多功能草坪，融合运动健身、亲子游乐与休憩空间。园内保留原生植被，新增樱花林、观景栈桥等景观，并嵌入智慧互动装置与低碳设施。作为社区活力核心，公园定期举办露天音乐会、文创市集，串联自然生态与城市生活，成为市民近享自然、休闲社交的绿色城市客厅。

玉女潭

位于湖㳇镇，源于秦汉，兴于唐而盛于明，是历代文人骚客聚会悟道的圣地。玉女潭历史悠久，文化底蕴深厚，有文徵明为其著的《玉潭仙居记》、唐寅作的《山庄孤遗图》、仇英作的《玉阳洞天图》等传世名作。园内奇石奇树奇潭，胜如仙境。传说王母娘娘曾在此召开蟠桃会。景区谷深林茂、曲径通幽、玉潭凝碧，是休闲度假、放松心情、品味佳肴的佳处。

东坡书院

位于丁蜀镇蜀山南麓,始建于北宋,即"东坡草堂",明代重建为"东坡书院",相传为纪念苏轼曾在此讲学而建,现存清光绪年间重建院落。书院保留古碑亭、讲堂等建筑,陈列东坡手迹拓片、诗文石刻。院内古树苍翠,砚池幽静,展现文人雅集风貌。作为江南地区保存较完整的东坡文化遗存,这里融合国学传承与园林艺术,定期举办诗词雅集、文化讲座,延续千年文脉,是探寻苏东坡与宜兴渊源、体验传统书院文化的诗意之地。

讲堂

书院古桥

东坡买田处

书院太湖石

前墅龙窑

位于丁蜀镇，创烧于明代，迄今逾 600 年，是目前国内唯一仍在使用的活态古龙窑。窑体依坡而建，形似卧龙，长逾 40 米，以砖石陶砖砌筑，沿用传统柴烧古法烧制紫砂陶器，窑头、窑身、窑尾分工明确，以松枝为主要燃料，窑温可达 1200℃ 以上。其独特的"龙脊"结构与阶梯式窑床，完整保存了古代制陶智慧。现为全国重点文物保护单位，既是紫砂烧制技艺的活化石，也是宜兴"陶都"千年窑火的实证，吸引了众多陶艺爱好者前来探访非遗技艺。

陶二厂文化街区

一个以创意紫砂陶和国际当代陶艺为主要特色的文化街区，旨在打造一个充满活力和创新性的世界陶文化旅游目的地。项目起源于宜兴丁蜀镇的紫砂工艺二厂，在城市更新的背景下，有着 40 余年历史的紫砂老厂房变身年轻力街区，实现了城市精神的延续与再生。陶美术馆将传统陶艺与现代建筑完美结合，以"陶土元素"为核心意境，对丁蜀地区的悠久陶文化进行现代诠释和致敬。街区分为东、中、西三大区域，集陶文化、艺术创作、时尚潮流于一体，提供多重体验，致力于打造全新的文化艺术地标，并成为宜兴陶文化客厅和新时代陶瓷文化发展风向标。

陶书局

UCCA 陶美术馆

归泾老街

位于丁蜀镇，形成于明清时期，为江南水乡传统街巷代表。街道沿河而建，保留青石板路、马头墙民居及古码头遗迹，两侧多为明清至民国时期建筑，现存老茶馆、紫砂作坊、古玩店等传统业态。老街以"前店后坊"格局为特色，曾为紫砂陶器集散地，至今仍延续制陶、茶文化脉络。经保护修缮后，融入文创体验与非遗展示，重现黛瓦粉墙、小桥流水的市井风貌，是感受宜兴历史烟火气与陶都古韵的文化长廊。

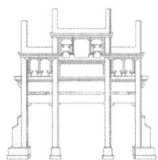

打卡处

黄龙山矿址公园

位于丁蜀镇，依托明清以来紫砂泥
核心采掘区而建，是国内首个以紫
砂矿为主题的遗址公园。园区保留
露天矿坑、原始巷道及矿层剖面，
展示古代手工开采技艺与地质奇观，
复原运泥轨道、工坊遗迹，结合标
本墙呈现五色紫砂泥料特性。通过
遗址展馆解读矿脉形成、采掘历史
及泥料炼制工艺，并融入生态修复
与互动体验。作为紫砂文化的"源
头密码"，其完整保存千年采陶智慧，
是探寻紫砂之本、见证"陶都"工
业记忆的活态地标。

蜀山古南街

位于丁蜀镇蜀山南麓，形成于明清，因毗邻黄龙山紫砂矿而兴，被誉为"紫砂文化源头"。街巷沿蠡河延展，保留青砖黛瓦、木楼商铺及码头驳岸，顾景舟等名家旧居隐于其间。现存紫砂工坊、陶器老号延续"前店后坊"传统，完整展示泥料炼制、手工制坯等非遗技艺。经保护更新后，融合文创展馆与茶陶体验，重现"窑火千年、陶舟络绎"的市井盛景，成为追溯紫砂文脉、触摸陶都匠心的活态历史街区。

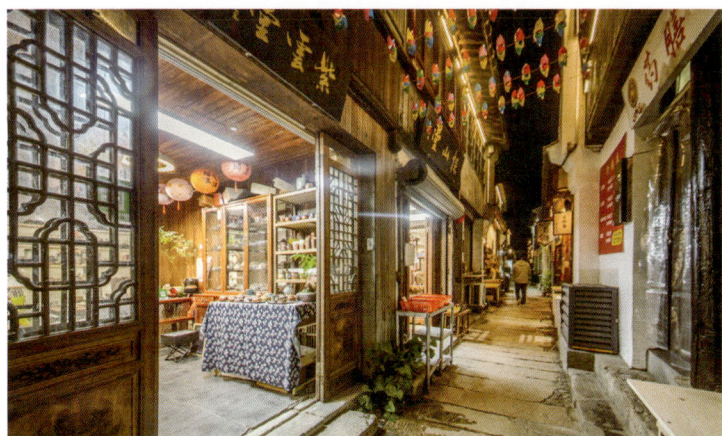

宁杭高速宜兴太湖服务区

宜兴新街街道

俯瞰宜兴

宜兴徐舍镇

江阴（县级市）古称暨阳，位于长江下游南岸，地处"江尾海头"，为无锡市代管县级市，素有"中国制造业第一县""华夏A股第一县"之美誉。这座滨江港口城市以民营经济活跃著称，连续多年位列全国百强县前列，培育出海澜集团、江苏阳光集团等中国500强企业。

江阴历史底蕴深厚，是徐霞客故里，留有兴国寺塔、晴山堂石刻等文化遗存，黄山炮台见证近代江防风云。自然与人文交辉，黄山湖公园碧波映城，鹅鼻嘴公园揽江观桥，君山古刹钟声悠远，华西村书写乡村振兴传奇。长江大桥飞架南北，运河穿城联动水陆，现代化新城与千年文脉共生，塑造出"忠义之邦"的进取精神与"江海门户"的开放气度，使江阴成为长三角经济活力与江南水乡韵味交融的典范之城。

江阴佳境

江阴鹅鼻嘴看云听潮亭

海澜飞马水城

由海澜集团打造的以"马术"为核心的体育旅游综合体，拥有盛装舞步马术表演、马术骑乘、马车游园、玛阑多儿童乐园、环城游艇夜游、贡多拉观光、马文化博物馆、海澜美术馆等多个体验项目，以马为线索，向游客展示独特的马文化旅游特色，现已成为江苏的旅游热点和亮点。

飞马水城文体馆是全国规模最大的武术主题文体馆。该场馆兼具赛事、展览、演出、旅游等多项功能，可容纳万人同时观看。目前已承办多项国内外大型体育、武术赛事，得到中外运动员、武术爱好者的一致好评。

海澜集团继把飞马水城打造成为体旅融合发展的典范后，又创新推出以马术为核心，汇聚体育、文旅、休闲于一体的全民综合运动休闲场——飞马体育公园（含飞马休闲乐园），积极探索实践"体育+"融合发展新模式。

马车总站

彩虹桥

云武楼、文体馆

海澜美术馆

飞马水城全景

飞马水城码头夜景

马儿岛酒店

打卡处

华西村

被誉为"天下第一村"，以集体经济模式闻名全国。村域面积 35 平方千米，在老书记吴仁宝的带领下，通过工业兴村实现跨越式发展，形成钢铁、纺织、旅游等多元产业。村民住别墅、享教育医疗全福利，村内金塔、龙希国际大酒店等地标彰显雄厚实力。作为共同富裕典范，其"一分五统"治理模式与现代化农业园区相融，华西村成为改革开放后中国农村工业化、城镇化转型的标杆样本。

华西村别墅群

华西村高达 328 米的龙希国际大酒店

江阴滨江要塞

位于市区东郊，北滨长江，因地处江阴黄山炮台军事要塞而得名。江阴黄山滨江而立，雄峙江干，形势险要，临江逶迤，构成了江阴古城"枕山负水""水环峦拱"的天险形势，素有"江海门户""锁航要塞"之称，历来为兵家必争之地。景区由鹅鼻嘴公园、军事文化博物馆、黄山湖公园等景点组成，自然风光秀丽，景色宜人，森林茂密，野趣浓郁，以"险""奇""雄""妙"而著称。

远眺江阴长江大桥

看云听潮亭

鹅鼻嘴公园

坐落于长江之滨，因山体形似鹅鼻伸入江中得名。公园以"江尾海头"壮阔景观闻名，拥有临江绝壁、江阴长江大桥最佳观景点，以及蜿蜒的滨江栈道与观景平台。园内保留古渡口遗址、鹅鼻洞抗战工事及诗词碑林，融合自然奇观与历史人文。登高可览大江奔流、百舸争流之景，漫步林荫步道可感受江风拂面。此处是市民观江览胜、追溯江防记忆的生态文化长廊，亦为长江国家文化公园江阴段的重要节点。

唐公碑亭

江源考碑

江尾海头碑

鹅山神龟

阴大桥悬索钢缆

寒江独钓亭

山炮台1

鹅山炮台2

黄山湖公园

坐落于黄山南麓，占地面积 35 万平方米，以 15 万平方米湖面为核心，环湖布局生态景观。公园融合自然山水与现代设计，打造音乐喷泉、金沙湾、九曲桥等景点，林荫步道串联亲水栈台与樱花林。湖心岛上云帆阁可俯瞰澄江如练，湖畔设儿童乐园、健身区，四季花木缤纷。景区兼具休闲娱乐与城市绿肺功能，是市民漫步、骑行、观光的城市生态客厅，展现了江阴"山水城林"相融的宜居风貌。

航拍黄山湖公园与江阴长江大桥

君山寺

坐落于君山南麓，其历史可追溯至南唐，为千年古刹。君山寺始建于江阴老城区，后于1993年迁至君山进行重建。寺依山势而建，保留明清殿堂格局，大雄宝殿庄重古朴，藏经楼飞檐翘角，寺内古银杏苍劲，碑刻遗存丰富。登临山巅可眺长江浩荡与城市全景，有"寺裹山、山抱寺"之奇观。历经修缮，融合禅宗文化与江南园林意境，设钟鼓楼、放生池等景观，香火绵延不绝。现为江阴佛教活动场所及登高览胜之地，承载"江海门户"历史文脉，展现自然与人文交织的静谧禅境。

江阴外滩的码头上停靠着退役的科技功勋船——远望 2 号远洋航天测量船

江阴文化新地标国乐岛，拥有江阴音乐厅、江阴美术馆、江阴科技馆、沈鹏介居书院、运河文化中心等多栋建筑

俯瞰江阴港

俯瞰江阴

江阴芙蓉立交之夜

无锡美食以"甜鲜醇浓"著称，彰显江南水乡风味精髓。经典名菜无锡酱排骨，色泽酱红、酥烂脱骨，三凤桥老字号传承百年秘制；太湖三白（白鱼、银鱼、白虾）清鲜柔嫩，尽显湖鲜本味；皮薄汁丰的无锡小笼包"夹起不破皮，翻身不漏底"，甜润汤汁令人回味；清水油面筋塞肉将金黄面筋与肉馅融合，软糯咸香；玉兰饼外酥内糯，梅花糕甜香暖胃，皆是市井烟火味的代表。

　　特产惠山油酥饼酥层如雪；阳山水蜜桃果香馥郁，获国家地理标志认证。梁溪脆鳝、肉酿面筋、酒酿圆子等承载"老无锡"记忆。从茶食店的传统糕团到南禅寺夜市的网红小吃，无锡以甜为媒，串联起运河文化、太湖风情与吴地饮食智慧，成就"舌尖上的江南"独特名片。

美食特产

二冬面筋

无锡君来
湖滨饭店

位于蠡湖之畔，独享太湖醉美一隅，傍倚江南名园蠡园，紧邻"太湖之星"摩天轮，太湖鼋头渚、唐城、三国城等风景名胜近在咫尺，周边交通便利。

酒店拥有丰富的人文积淀及历史文化底蕴，占地面积12万平方米，其中8万平方米为江南古典园林，有2处省级保护文物及12棵古树名木，是《绿色旅游饭店标准》实施后江苏省首家"金树叶级绿色旅游饭店"，曾成功接待近百位中外元首及各界名流。

酒店共设482间客房。步入湖景房，远眺碧水尽处，黛山绵延，湖光山色、亭台楼阁尽收眼底。远山近水与江南园林绘就一幅水墨写意的中国山水长卷，令人赏心悦目！

湖滨美食享誉海内外，"湖滨八大名菜"完美呈现无锡传统美食精华；黑珍珠一钻——"渔餐厅"湖畔云端餐厅演绎江南味道，以"至诚、至善、至美"的理念融入美轮美奂的空间美学和细致入微的服务细节，铸就江南诗意生活。

湖水依依盼君来，美景美食独具特色，值得打卡。

无锡排骨

姜汁浸白鱼

鱼皮馄饨

湖景房

桂花芋艿　　　　　　豌豆水晶玉香脂醋　　　　　　生滚河鱼粥

无锡君来
太湖饭店

位于太湖水畔，傍倚梅园，与鼋头渚风景区隔岸相望，以十里明珠堤连接灵山大佛及拈花湾景区。酒店被誉为"中国十大园林酒店"之一。

一面山水一面城。396 间客房，远眺湖光山色、近览园林美景。步入餐厅，舌尖可邂逅太湖三白的鲜美本味，亦可品味环球珍馐的多元风情。每逢周末，酒店精心筹备绚丽夺目的烟花秀，璀璨烟火在太湖夜空绽放，为您的周末时光增添梦幻色彩。

出即繁华，入则隐世。步入酒店，半山浅隐，幽然环翠，180 度湖岸线舒展如水墨画卷，近千亩园林凝萃出优雅风韵。70 多年的光荣历史和旖旎的自然风光造就了无锡君来太湖饭店深厚的文化底蕴。

泉水清汤炖河鱼

顶汤燕窝豆腐狮子头

乌米糍粑配无锡排骨

寄畅轩（中餐厅）

玉兰厅（西餐厅）

君来阁（中餐厅）

湖景阳台房

蜜豆手剥凤尾河虾仁

江南文火小牛肉

葱油清蒸白鱼

小笼包

拖炉饼

螃蜞螯

黑松露花胶煨裙边

虾饺皇蒸澳龙

自制酱椒蒸龙胆石斑鱼

图 片 来 源：马 儿 岛 酒 店

打卡处

还有遗漏的景点和美食，以及无锡特色吗？请您补充！

春色太湖

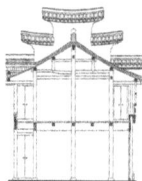

打卡处

打卡处

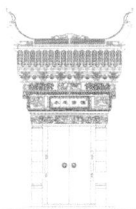

还有更多的打卡点，等待着您的发现！

无锡太湖帆影

无锡运河夜色

惠山古寺

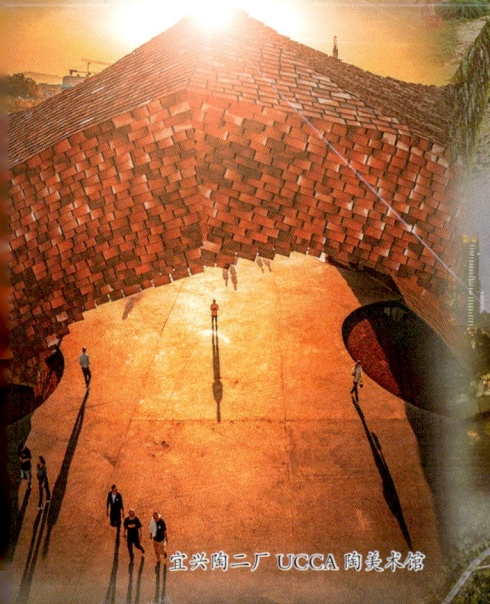

宜兴陶二厂 UCCA 陶美术馆

无锡古运河明珠黄埠墩

拈花湾

宜兴黄龙山矿址公园

无锡太湖鼋头渚鹿顶山

如果您还想更加深入地了解城市文化，
就请扫我吧！

打卡处

打卡处

打卡处

打卡处

打卡处

打卡处

打卡处

打卡处